CB054274

FICHA CATALOGRÁFICA

(Preparada na Editora)

Xavier, Francisco Cândido, 1910-2002

X19c   Companheiro / Francisco Cândido
Xavier, Emmanuel (Espírito). Araras, SP,
IDE, 36ª edição, 2023.

160 p.

ISBN 978-65-86112-49-8

1. Espiritismo 2. Psicografia - Mensagens
I. Emmanuel. II. Título.

CDD -133.9

-133.91

Índices para catálogo sistemático:

1. Espiritismo 133.9
2. Psicografia: Mensagens: Espiritismo 133.91

COMPANHEIRO

ISBN 978-65-86112-49-8

36ª edição - agosto/2023

Copyright © 1979,
Instituto de Difusão Espírita - IDE

Conselho Editorial:
Doralice Scanavini Volk
Wilson Frungilo Júnior

Produção e Coordenação:
Jairo Lorenzeti

Capa:
Samuel Carminatti Ferrari

Diagramação:
Maria Isabel Estéfano Rissi

Parceiro de distribuição:
Instituto Beneficente Boa Nova
Fone: (17) 3531-4444
www.boanova.net
boanova@boanova.net

Impressão e Acabamento:
PlenaPrint

INSTITUTO DE DIFUSÃO ESPÍRITA - IDE
Rua Emílio Ferreira, 177- Centro
CEP 13600-092 - Araras/SP - Brasil
Fones (19) 3543-2400 e 3541-5215
CNPJ 44.220.101/0001-43
Inscrição Estadual 182.010.405.118
www.ideeditora.com.br
editorial@ideeditora.com.br

Todos os direitos reservados.
Nenhuma parte desta publicação
pode ser reproduzida, armazenada
ou transmitida, total ou
parcialmente, por quaisquer
métodos ou processos, sem
autorização do detentor do
copyright.

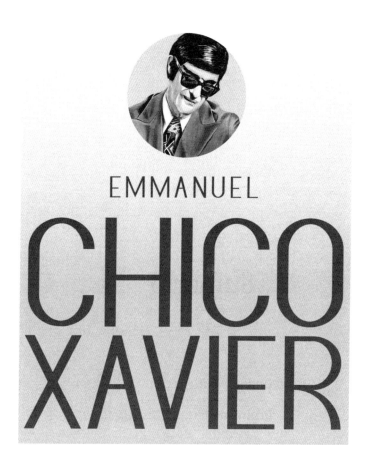

EMMANUEL

CHICO XAVIER

COMPANHEIRO

Sumário

Companheiro 11

1 - Página de Fé 17

2 - Anotações de amigo 23

3 - Mas Deus... 29

4 - Companheiros e caminhos..... 35

5 - Ânimo e fé 43

6 - Discernimento e amor 49

7 - Questões de mudança 57

8 - Estrela íntima 65

9 - Como estavam 71

10 - Aparte no diálogo *79*

11 - Tensão emocional *85*

12 - Temas da esperança *93*

13 - Progresso e amor *99*

14 - Na visão do mundo *107*

15 - No domínio das palavras *115*

16 - Médiuns na Terra............... *121*

17 - Luminosa bênção............... *129*

18 - Em horas de crise............... *137*

19 - Tempo de crise *145*

20 - O tesouro máximo............... *153*

Chico Xavier

"Em quaisquer circunstâncias, nas quais te vejas de coração sozinho ou empobrecido de forças, contempla a imensidade dos céus, ergue a fronte, enxuga o pranto e caminha para diante, conservando o bom ânimo e a esperança..."

Chico Xavier

Companheiro

"Desejávamos receber um livro condensando os pensamentos de paz e amor que a Doutrina Espírita nos oferece."

"Queremos um ligeiro repositório de reconforto."

"Por que não podemos

possuir um livro que nos faculte momentos rápidos de leitura e meditação, em torno de nossas necessidades espirituais?"

"Ficaríamos muito gratos e felizes com um pequeno volume que nos servisse de companheiro para reflexões."

"Pensamos num livro que se leia, assimilando o máximo dos ensinamentos espíritas no mínimo de tempo."

"Tente enviar-nos, do Mais Além, um livro, com textos curtos."

"Dispomos de raros minutos para ler, pense nisso."

"Consiga-nos um livro, sintetizando ideias que nos alcancem o raciocínio com facilidade."

"Agradeceríamos um conjunto de páginas ligeiras abrangendo o pensamento espírita em si, por elemento de informação e cultura edificante."

"Se possível, organize um livro, para leitura rápida."

"Estas são dez das muitas solicitações recebidas de vários

amigos, que motivaram a formação deste volume despretensioso, a que nos permitimos dar o nome de "Companheiro."

Que, de nossa parte, possamos ter atingido o objetivo a que nos propomos, satisfazendo aos desejos de nossos irmãos, conquanto a nossa desvalia para servi-los, e rogando ao Senhor nos conceda paz e luz nos caminhos que sejamos chamados a percorrer, são os nossos votos.

EMMANUEL

Uberaba, 2 de março de 1977.

"Oferece um sorriso de simpatia e bondade, seja a quem for."

Chico Xavier

1
Página de Fé

OUVE, AMIGO!...

Quem quer que sejas;

onde estiveres e com quem estiveres;

tenhas sofrido graves equívocos ou cometido muitos erros;

estejas sob fadiga, após haver carregado pesadas tribulações;

suportes essa ou aquela enfermidade;

permaneças no cerco de rudes aflições;

vivas em abandono por parte daqueles a quem mais ames;

hajas experimentado desilusões ou agravos que jamais aguardaste;

caminhes no cipoal de tremendas dificuldades;

anseies por afeições que nunca tiveste;

suspires por ideais cuja realização te pareça remota;

lastimes prejuízos com os quais não contavas;

trabalhes sob injúrias e perseguições que te envenenam as horas;

sirvas sob incompreensões ou pedradas;

ou chores a perda de entes queridos, ante a visitação da morte...

Sejam quais forem os impedimentos ou provações que te assinalem a vida, asserena o espírito na fé viva e permanece na tarefa que te foi reservada, porquanto, sempre que estejamos guardando paciência e confiança, em nossos obstáculos, trabalhando e servindo na prestação de auxílio para liquidar fraternalmente os problemas dos outros, Deus, em regime de urgência, liquidará também os nossos.

"Persevera no trabalho
que a vida te deu a executar."

Chico Xavier

2
Anotações de amigo

NÃO TE DEIXES ABATER, NO mundo, ante as provações que atravessas.

Encontras-te na situação mais adequada às realizações que te dizem respeito à vida espiritual.

Permaneces no corpo que

mais te favorece às aquisições do campo íntimo.

O clima social em que se instalam as atividades é a paisagem na qual dispões dos melhores recursos de experiência.

Tens contigo os companheiros certos, que te auxiliam no aperfeiçoamento a que aspiras.

Dificuldades que te surpreendem são os testes aconselháveis em que te cabe encontrar aproveitamento.

Amigos que te deixam em caminho são afeições que se distanciam transitoriamente para que adquiras segurança.

Conflitos repontando na estrada são valiosas lições para a conquista da paz em ti mesmo.

Prejuízos são apelos à vigilância.

Decepções constituem o preço com que se paga a luz da verdade.

Incompreensões lecionam discernimento.

Solidão é tempo de muda nos mecanismos da alma.

Aceita-te como és e aceita a vida em que deves estar, na condição em que te vês, a fim de que faças em ti o burilamento possível.

Seja qual seja o montante das provas, na conta das obrigações que assumiste, levanta-te do chão de qualquer tristeza e faze o bem que puderes, trabalhando e servindo sem reclamar, porque se te achas no uso da razão é que Deus conta contigo para que auxilies a ti mesmo, doando à vida o máximo de tudo aquilo que já possuas de melhor.

"Se procuras a paz, não critiques e, sim, ajuda sempre."

Chico Xavier

3

Mas Deus...

HÁ MUITA GENTE QUE TE ignora.

Entretanto, Deus te conhece.

Há quem te veja doente.

Deus, porém, te guarda a saúde.

Companheiros existem que te reprovam.

Mas Deus te abençoa.

Surge quem te apedreje.

Deus, no entanto, te abraça.

Há quem te enxergue caindo
em tentação.

Deus, porém, sabe quanto
resistes.

Aparece quem te abandona.

Entretanto, Deus te recolhe.

Há quem te prejudique.

Mas Deus te aumenta os recursos.

Surge quem te faça chorar.

Deus, porém, te consola.

Há quem te fira.

No entanto, Deus te restaura.

Há quem te considere no erro.

Mas Deus te vê de outro modo.

Seja qual for a dificuldade,

Faze o bem e entrega-te a Deus.

Chico Xavier

"Trabalha para o bem, onde estiveres e como estiveres."

Chico Xavier

4

Companheiros
e caminhos

QUANDO TE DISPUSERES A reclamar contra certos traços psicológicos daqueles que o Senhor te confiou ao ministério familiar, medita na diversidade das criações que compõem a Natureza.

Cada estrela se destaca por determinada expressão.

Cada planta mostra finalidade particular.

A rosa e a violeta são diferentes, conquanto ambas sejam flores.

Os caminhos do mundo guardam linhas diversas entre si.

Também nós, as criaturas de Deus, somos seres que se identificam pelas semelhanças, mas não somos rigorosamente iguais.

Conforme os princípios de causa e efeito, que nos traçam a lei da reencarnação, cada qual de nós traz consigo a soma de tudo o que já fez de si, com a obrigação de subtrair os males que tenhamos colecionado até a completa extinção, multiplicando os bens que já possuamos, para dividi-los com os outros, na construção da felicidade geral.

Não queira transformar os entes queridos sob o martelo da força.

Ninguém precisa apagar a luz do vizinho para iluminar a própria casa.

Uma vela acende outra sem alterar-se.

Ama os teus, aqueles com quem Deus te permite compartilhar a existência, entretanto, respeita o caminho de realização a que se ajustem.

Esse escolheu a senda do burilamento próprio; aquele procurou a via de trabalho constante; outro escolheu a trilha de responsabilidades intransferíveis a fim de produzir o melhor; e outro, ainda, indicou a si mesmo, para elevar-se, a vereda espinhosa das provações e das lágrimas.

Auxilia a cada um, como puderes, entretanto, não busques

transfigurar-lhes o espírito, de repente, reconhecendo que também nós não aceitaríamos a nossa própria renovação em bases de violência.

Ama os entes queridos, tais quais são e quando nas provas a que sejam chamados para o efeito de promoção na Espiritualidade Maior, se não consegues descobrir o melhor processo de auxiliá-los, acalma-te e ora pelo fortalecimento e paz deles todos, na certeza de que Deus está velando por nós e de que nós todos somos filhos de Deus.

Chico Xavier

"Se alguma provação te acolhe com tanta força que não consigas evitar as próprias lágrimas, confia em Deus, na certeza de que Deus."

Chico Xavier

5

Ânimo e fé

A EXISTÊNCIA PODE TER sido amarga.

Espinheiros talvez se te estendam no caminho.

Caíste, provavelmente, algumas vezes e outras tantas te reergueste, à custa de lágrimas.

Sofreste perseguição e zombaria.

O mundo terá surgido aos teus olhos por vasto deserto.

Anotaste a força da morte que te subtraiu a presença de entes caros.

Viste a deserção de companheiros, renegando-te os ideais.

Seres queridos ignoraram-te os propósitos de elevação.

Varaste crises em forma de fracassos aparentes.

Tiveste o menosprezo por parte de muitos daqueles aos quais te confiaste.

Ouviste as palavras esfogueantes dos que te condenaram sem entender-te.

Palmilhaste longas áreas de solidão.

Perdeste valores que consideravas essenciais à sustentação dos empreendimentos que te valorizam as horas.

Sofres tribulações.

Suportas conflitos.

Atravessas dificuldades e tentações.

Entretanto, por maior seja a carga de provações e problemas que te pesam nos ombros, ergue a fronte e caminha para a frente, trabalhando e servindo, amando e auxiliando, porque ninguém, nem circunstância alguma te podem furtar a imortalidade, nem te afastar da onipresença de Deus.

"Desculpa aos companheiros de trabalho terrestre, quantas vezes se fizerem necessárias."

Chico Xavier

6

Discernimento e amor

NATURAL EXAMINES NO mundo os problemas de comportamento. Discernir o certo do errado. Entender o que auxilia e o que prejudica. E, quando puderes, é justo procures erradicar com amor o mal que desfigure as peças do bem, com o zelo do lavrador quando retira a erva invasora do corpo da árvore.

Entretanto, em qualquer processo de corrigenda, deixa que a compaixão te ilumine o pensamento, para que o ideal de justiça não se lhe faça um deserto no coração.

Recorda os esforços que desenvolves para que a bondade e a tolerância não se te afastem da vida e dispõe-te a entender e auxiliar, em louvor do bem.

Encontraste irmãos considerados delinquentes.

Imagina os processos obsessivos em que se viram atormentados, por tempo vasto, até que se envolvessem nas sombras do desequilíbrio.

Surpreendeste companheiros atracados à rebeldia.

Pensa nas longas áreas de penúria e sofrimento que atravessaram, até que as forças se lhes esgotaram, impelindo-os para a discórdia.

Acompanhaste a indesejável transformação de amigos que desertaram de nobres tarefas que lhes diziam respeito.

Detém-te a meditar nos conflitos que sofreram, até que se lhes verificou a queda de toda a resistência.

Sabes de criaturas queridas que se mergulharam na escravidão aos tóxicos que lhes devastam as energias.

Reflete nas tentações que lhes povoaram as horas, até que se inclinassem para a dependência dos agentes químicos de misericórdia, no abuso dos quais se fazem omissos.

Enumera os padecimentos

dos desesperados, dos tristes, dos doentes sem esperança, dos quase suicidas, dos irmãos sanatorizados em vista de indefiníveis angústias, e compreenderás que a Infinita Bondade de Deus determina se nomeiem juízes para que se cominem penas destinadas ao resgate de nossas culpas, assim como suscita a formação de médicos que nos sanem os males, a fim de que a delinquência e a enfermidade não nos destruam a vida, mas nos impele incessantemente à fraternidade que nos orienta os atos na edificação do futuro melhor, sob a regência do amor.

Chico Xavier

"Em qualquer dificuldade, aconselha-te com a esperança."

Chico Xavier

7
Questões de mudança

NÃO PODES MODIFICAR O mundo, na medida dos próprios anseios, mas podes mudar a ti próprio.

Ninguém está impedido de transformar essa ou aquela ideia na própria cabeça.

Assim como a semente traça

a forma e o destino da árvore, os teus próprios desejos é que te configuram a vida.

Aprende a ganhar simpatias, sabendo perder.

Sempre aconselhável melhorar as nossas maneiras, antes que as circunstâncias da vida nos obriguem a melhorá-las.

Ouvindo sempre mais e falando um tanto menos, conseguirás numerosos recursos que te favorecem a própria renovação.

Escuta com atenção quaisquer pareceres dos outros, mesmo quando se te afigurem francamente absurdos.

O diálogo deve ser um processo de aprender, mas não de brigar.

Em qualquer reunião, convém não esquecer que talvez em breves dias, estejas precisando daquela pessoa que te parece a mais desagradável.

Aceitar os nossos problemas com bom humor é o melhor modo de convertê-los em fatores de auxílio a nós mesmos.

A irritação é o meio de congelar os próprios interesses.

Todo encontro é oportunidade para que te exercites na ciência da direção.

Cada pessoa se troca por aquilo que estima fazer.

Poderás enfeitar o desânimo com as mais lindas palavras, entretanto, o desânimo não te trará proveito algum.

Dificuldades caem no caminho de todos; a maneira de usá-las é que faz a diferença.

Admira as estrelas, mas não te descuides dos sinais do trânsito.

Os outros terão talvez muitas opiniões a teu respeito, mas a vida que tens é aquela em que Deus te colocou para que faças o melhor.

Muitas vezes, perder algo de valor, em mudanças impostas pelo sofrimento, é o jeito de encontrar algo de mais precioso no caminho.

Na contabilidade da vida, a idade é convenção; o que existe é o tempo e todo tempo é importante.

Chico Xavier

"Deus tudo está modificando para melhor."

Chico Xavier

8

Estrela íntima

TODAS AS FORMAS DE BENEficência se revestem de grandeza singular, no entanto, aquela em que o amor se te exterioriza será sempre a mais alta. Quando irradias semelhante luz, notarás que fulgurações de alegria se te reluzem no íntimo, conquanto encerradas na felicidade interior que nem sempre consegues transferir.

Pensas nas dádivas de ti mesmo, tantas vezes esquecidas, com as quais te podes iluminar, ante as leis da vida.

Percebeste o caminho tortuoso em que determinado amigo terá situado os próprios pés...

Abençoa-o em silêncio e ora a favor dele sem agravar-lhe os problemas com censuras, observando que Deus zelará por ele nas experiências difíceis a que transitoriamente se afeiçoe.

Aquela pessoa querida não te correspondeu aos desejos, nessa ou naquela realização...

Abstém-te da cobrança afetiva, meditando nas dificuldades que lhe terão motivado a omissão, na certeza de que a Divina Providência lhe terá concedido encargos, dos quais, por enquanto, não deves compartilhar.

Certo companheiro escolheu um tipo de existência diverso daquele em que te pacificas.

Endereça-lhe vibrações de apoio, auxiliando-o a realizar-se para o bem, nos setores de burilamento em que se veja, sem ampliar-lhe os empeços na convicção de que Deus conhece a melhor maneira de conduzi-lo.

Outra criatura de teu mundo pessoal haverá caído em erro...

Não lhe atrases o reajuste com o açoite da condenação, mas sim, envia-lhe o amparo que se te faça possível, compenetrando-te de que Deus saberá levantá-la.

Deixa que a compreensão te brilhe na alma por estrela íntima.

A Eterna Providência nos socorre e abençoa sem metro ou balança.

Tristeza e sofrimento que alegues, quase sempre se verificam em função dos outros. Entretanto não nos esqueçamos de que os outros e nós somos todos de Deus.

"Asserena o espírito na fé viva e permanece na tarefa que te foi reservada."

Chico Xavier

9

Como estavam

Dói observar os companheiros que renascem na Terra, em condições difíceis.

A propósito, não raro, ouvimos a indagação: "Por que assim?"

Uma criança repontando do berço com desequilíbrio mental ou evidenciando graves enfermidades denunciaria estranho sadismo da natureza. Sabemos, no entanto, que a Divina Providência se baseia em justiça e misericórdia. É que todos aqueles que se matriculam na escola da consanguinidade, através da reencarnação, surgem no grupo doméstico assim como estavam no Mundo Espiritual.

Nunca demais reafirmar que trazemos individualmente a soma de todas as realizações que já efetuamos nas múltiplas existências com que fomos favorecidos, no transcurso do tempo.

Criadores do próprio destino, temos em nós o que fazemos de nós.

Quando partimos do Plano Físico na direção do Plano Espiritual, se pensamentos de culpa nos obscurecem ou nos conturbam a mente, fazemo-nos portadores de inibições e desequilíbrios, sofrimentos e resgates que prescrevemos contra nós mesmos, perante a consciência onerada por débito de formação espiritual.

Nessas condições, embora as afeições e recursos que usufruímos na Espiritualidade, aí nos achamos queixosos e enfermiços, até que consigamos novo renascimento no qual se nos faça possível a retificação das faltas cometidas em nosso prejuízo ou em prejuízo dos outros.

Diante dos berços de provação, abracemos os companheiros complexos que nos batem às portas da alma, solicitando apoio e compreensão.

Esses irmãos que ressurgem, mostrando empeços e dificuldades na vida orgânica, não são candidatos à eutanásia, nem rebentos da árvore humana, que devem ser erradicados da estrutura doméstica.

São amigos que te pedem amparo e tratamento adequado na farmácia do tempo e que contraem contigo abençoadas dívidas de amor que, futuramente, saberão resgatar.

Chico Xavier

"Aquilo que plantares nos corações alheios é o que colherás nas manifestações dos outros."

Chico Xavier

10

Aparte no diálogo

QUANDO SE FALA DE AFLI-
ção, é importante raciocinar sobre os impositivos da paz em
nosso próprio relacionamento.

A paz, no entanto, nasce na
mente de cada um. Semelhante
afirmativa envolve outra: precisa-
mos doar a nossa paz àqueles que
nos cercam, a fim de recolhê-la

dos outros. Espécie de beneficência do espírito de cuja prática
nenhum de nós conseguirá escapar sem prejuízo. Para exercê-la,
porém, é indispensável podar as
inquietações inúteis e sofrear os
impulsos negativos, com que, na
Terra, nos habituamos, sem per-
ceber, a dilapidar a tranquilidade
alheia.

A obtenção do apoio recí-
proco a que nos referimos, pe-
de-nos a todos, não apenas entendimento, mas até mesmo o
exercício da compaixão construtiva uns pelos outros, para que
a tensão desnecessária deixe de

ser no mundo um dos mais perigosos ingredientes da enfermidade e da morte.

Há quem diga que o avanço tecnológico, em muitos casos, destrói a tranquilidade das criaturas, entretanto, a máquina funciona, segundo as disposições do maquinista.

Que dizer do nervosismo, da intolerância, da paixão pela velocidade temerária, da desatenção, da imaturidade guindada ao campo diretivo, do desculpismo, nos hábitos que induzem ao desequilíbrio no usufruto do progresso?

Ninguém precisa teorizar em demasia, quanto a isso.

O filme do mundo em reconstrução é revelado aos nossos próprios olhos, no laboratório do dia a dia.

Se nos propomos a suprimir a tensão estéril que, a pouco e pouco, nos arroja a tantas calamidades domésticas e sociais, é imperioso nos voltemos ao cultivo da paz. E, sabendo que a Divina Providência nos fornece todos os recursos para a edificação do bem, no campo de nossas vidas, se quisermos a paz é necessário nos empenhemos a construí-la.

"Ninguém precisa apagar a luz do vizinho para iluminar a própria casa."

Chico Xavier

11

Tensão emocional

NÃO RARO, ENCONTRAMOS, aqui e ali, os irmãos doentes por desajustes emocionais.

Quase sempre, não caminham. Arrastam-se. Não dialogam. Cultuam a queixa e a lamentação.

E provado está que na Terra, a tensão emocional da criatura encarnada se dilata com o tempo.

Insegurança, conflito íntimo, frustração, tristeza, desânimo, cólera, inconformidade e apreensão, com outros estados negativos da alma, espancam sutilmente o corpo físico, abrindo campo a moléstias de etiologia obscura, à força de se repetirem constantemente, dilapidando o cosmo orgânico.

Se consegues aceitar a existência de Deus e a prática salutar dessa ou daquela religião em que mais te reconfortes, preserva-te contra semelhante desequilíbrio.

Começa, aceitando a própria vida, tal qual é, procurando melhorá-la com paciência.

Aprende a estimar os outros, como se te apresentem, sem exigir-lhes mudanças imediatas.

Dedica-te ao trabalho em que te sustentes, sem desprezar a pausa de repouso ou o entretenimento em que se te restaurem as energias.

Serve ao próximo, tanto quanto puderes.

Detém-te no lado melhor das situações e das pessoas, esquecendo o que te pareça inconveniente ou desagradável.

Não carregues ressenti-mentos.

Cultiva a simplicidade, evitando a carga de complicações e de assuntos improdutivos que te furtem a paz.

Admite o fracasso por lição proveitosa, quando o fracasso possa surgir.

Tempera a conversação com o fermento da esperança e da alegria.

Tanto quanto possível, não te faças problema para ninguém, empenhando-te a zelar por ti mesmo.

Se amigos te abandonam, busca outros que te consigam compreender com mais segurança.

Quando a lembrança do passado não contenha valores reais, olvida o que já se foi, usando o presente na edificação do futuro melhor.

Se o inevitável acontece, aceita corajosamente as provas em vista, na certeza de que todas as criaturas atravessam ocasiões de amarguras e lágrimas.

Oferece um sorriso de simpatia e bondade, seja a quem for.

Quanto à morte do corpo,

não penses nisso, guardando a convicção de que ninguém existiu no mundo sem a necessidade de enfrentá-la.

E, trabalhando e servindo sempre, sem esperar outra recompensa que não seja a bênção da paz na consciência própria, nenhuma tensão emocional te criará desencanto ou doença, de vez que, se cumpres o teu dever com sinceridade, quando te falte força, Deus te sustentará e, onde não possas fazer todo o bem que desejas realizar, Deus fará sempre a parte mais importante.

"Tens contigo os companheiros certos, que te auxiliam no aperfeiçoamento a que aspiras."

Chico Xavier

12

Temas da esperança

QUEM GOSTE DE PESSIMISmo e se queixe de solidão, observe se alguém estima repousar no espinheiro.

Pense que, se não houvesses nascido para melhorar o ambiente em que vives, estarias decerto em Planos Superiores.

Com a lamentação é possível deprimir os que mais nos ajudam.

Se pretendes auxiliar a alguém, começa mostrando alegria.

A conversa triste com os tristes, deixa os tristes muito mais tristes.

Quem disser que Deus desanimou de amparar a Humanidade, medite na beleza do Sol, em cada alvorecer.

Se tiveres de chorar por algum motivo que consideres justo, chora trabalhando, para o bem, para que as lágrimas não se te façam inúteis.

Nos dias de provação, efetivamente, não seriam razoáveis quaisquer espetáculos de bom humor, entretanto, o bom ânimo e a esperança são luzes e bênçãos em qualquer lugar.

Guarda a lição do passado, mas não percas tempo lastimando aquilo que o tempo não pode restituir.

Quando estiveres à beira do desalento, pergunta a ti mesmo se estás num mundo em construção ou se estás numa colônia de férias.

Deus permitiu a existência das quedas d'água para aprendermos quanta força de trabalho e renovação podemos extrair de nossas próprias quedas.

Não sofras pensando nos defeitos alheios; os outros são

espíritos, quais nós mesmos, em preparação ou tratamento para a Vida Maior.

Se procuras a paz, não critiques e, sim, ajuda sempre.

Indica a pessoa que teria construído algo de bom, sem suor e sofrimento.

Toda irritação é um estorvo no trabalho.

Deixa um traço de alegria onde passes e tua alegria será sempre acrescentada mais à frente.

Quem furta a esperança, cria a doença.

O sorriso é sempre uma luz em tua porta.

"Por maior seja a carga de provações e problemas que te pesam nos ombros, ergue a fronte e caminha para a frente, trabalhando e servindo."

Chico Xavier

13

Progresso e amor

GRANDE – É O AVANÇO DO progresso.

Maior – será sempre o amor que o ilumina.

Grande – é a inteligência dos que fabricam os pássaros metálicos que povoam os céus do mundo.

Maior – é a inteligência de quantos se utilizam deles para levantar a fraternidade entre os povos.

Grande – é a eficiência dos que engenham máquinas que eliminam as distâncias.

Maior – é o espírito de responsabilidade e entendimento daqueles que as dirigem, favorecendo o trabalho.

Grande – é o raciocínio de quantos se dedicam à radiotelevisão, sustentando a informação rápida na vida comunitária.

Maior – é a bondade de quantos lhe manejam os recursos em auxílio da educação entre as criaturas.

Grande – é a força de quantos organizam as maravilhas da imprensa.

Maior – é o poder de todos aqueles que escrevem, para instruir e reconfortar os irmãos em humanidade.

Grande – é a segurança dos que formaram o trator destinado a revolver facilmente o solo.

Maior – é o mérito de quantos semeiam com humildade e

devotamento, formulando os prodígios do pão na mesa.

Grande – é a técnica.

Maior – é a compreensão.

Grande – é a cultura que ensina.

Maior – é a caridade que socorre.

Onde estiveres e seja com quem for, ama sempre.

O progresso faz estruturas.

O amor acende a luz do caminho.

Por isto mesmo, aprendamos a trabalhar e servir sempre, a fim de conquistarmos a felicidade maior.

Em verdade, perante Deus, por mais amplo o surto de evolução que nos caracterize a existência, não haverá progresso real sem a bênção do amor.

Chico Xavier

"Seja qual for a dificuldade, faze o bem e entrega-te a Deus."

Chico Xavier

14

Na visão do mundo

NÃO DIGAS QUE O MUNDO É perverso, quando é justamente do chão do mundo que se recolhe a bênção do pão.

O charco é uma queixa da gleba contra o descaso do lavrador.

Compara a Terra, à uma universidade e notarás que todo

espírito encarnado é um aluno em formação.

Aquilo que plantares nos corações alheios é o que colherás nas manifestações dos outros.

Quem aplique lentes esfumaçadas nos olhos, não notará senão tristeza onde o mundo está ostentando as cores da esperança e da alegria.

A existência, para cada um de nós, é o que estivermos fazendo.

Cada pessoa vê no mundo a própria imagem.

A melhor crítica é aquela

que se expressa mostrando como se deve fazer.

A utilidade é a força real que assegura a situação de cada um.

A proteção mais segura de que possas desfrutar é a de teu próprio serviço.

Não perguntes além do necessário, para que os teus encargos não surjam atrasados.

De quando a quando, para efeito de valorização do tempo, relaciona quantas palavras terás pronunciado, no transcurso do dia, sem qualquer significação para o bem.

A sabedoria da vida te colocou no lugar onde possas aprender com eficiência e servir melhor.

Quando alguém condena o mundo, é porque se sente condenado em si mesmo.

O trabalho que executes é tua certidão de identidade do ponto de vista espiritual.

Faze e terás certamente aquilo que esperas seja feito.

O que estiveres realizando para os outros é justamente o que estarás realizando por ti mesmo.

As leis do mundo não se enganam: o que deres de ti, ser-te-á dado.

A Terra é a nossa escola benemérita: lembra-te de que o relógio não para.

Chico Xavier

"Não podes modificar o mundo, na medida dos próprios anseios, mas podes mudar a ti próprio."

Chico Xavier

15

No domínio das palavras

FALA E CONHECER-TE-ÃO.

Referes-te aos outros quanto ao que está em ti mesmo.

A palavra é sempre o canal mais seguro pelo qual te revelas.

A frase de esperança é um jorro de luz.

O que notas de bem ou de mal na vida de alguém é complemento de teu próprio eu.

Comentários sobre os outros, no fundo, são exposições daquilo que carregas contigo.

Quase que imperceptivelmente, apenas falamos daquilo que já conseguimos apreender.

O que vimos nas estradas alheias é o que está em nossos próprios caminhos.

Quem fala sem o coração naquilo que fala não alcança o coração que deseja atingir.

Quando quiseres ser visto,

não uses a queixa para semelhante exibição; trabalha em silêncio e serás visto com mais segurança.

A palavra mais cruel é aquela que se usa destruindo o bem.

Não te refiras ao infortúnio, porque a felicidade de quem sofre talvez chegue amanhã.

Se o verbo não está iluminado de compreensão e de amor, a conversa será sempre inútil.

Quem se propõe a iluminar não menciona qualquer ingrediente das trevas.

Nunca te arrependerás de haver dito uma boa palavra.

Nada ensines destacando o mal, pelo simples prazer de salientá-lo, porque os teus ouvintes serão hipnotizados pelas imagens com as quais não desejarias prejudicá-los.

Quem perdoa não deve reportar-se à dívida que foi liquidada, sob pena de abrir nova ferida no coração daquele que se lhe fez devedor.

Criteriosa dieta na conversação é saúde no espírito.

A palavra indulgente é vacina contra muitos males.

Discutindo talvez esclareças, mas servindo convences.

"Ouvindo sempre mais e falando um tanto menos, conseguirás numerosos recursos que te favoreçem a própria renovação."

Chico Xavier

16

Médiuns na Terra

TEMA SEMPRE NOVO EM Doutrina Espírita: os médiuns.

São comparáveis às árvores na criteriosa definição de Allan Kardec, entretanto, a fim de conservarmos árvores úteis, é imperioso saibamos proporcionar-lhes a necessária irrigação e a defesa justa, de modo a que aventureiros do caminho não lhes colham os frutos em regime de espancamento.

Recorramos a outros símbolos.

Imaginemo-los por violinos, através dos quais os amigos domiciliados no Mais Além conseguem executar a melodia das mensagens que lhes são próprias; contudo é natural se nos constitua um dever colaborar para que se lhes mantenham as cordas, harmoniosamente afinadas.

Serão pontes de ligação

entre duas vidas, no entanto, essas pontes não nos suportarão o trânsito indispensável se lhes retiramos os pontos de apoio.

Teremos neles o socorro semelhante aos das fontes de água, em que nos dessedentamos, em matéria de reconforto e encorajamento, mas é preciso não lhes agite o fundo terroso, se quisermos recolher água limpa.

Entre os homens, não existem médiuns que não sejam humanos.

Por isso mesmo, ante a criatura de boa vontade que desempenha, em nosso favor, a tarefa dos medianeiros da alma, é forçoso nela vejamos pessoa tão humana quanto nós, os espíritos ainda vinculados à Terra, muito longe da condição dos anjos.

Somos daqueles que preferem a crítica construtiva para quaisquer tarefas mediúnicas e não cultivamos paternalismo ou mimos impróprios, junto dos instrumentos medianímicos de nosso convívio, em vista de reconhecermos que nenhum bem se fará sem trabalho disciplinado, entretanto, não podemos esquecer que muitos companheiros se marginalizaram nas tarefas mediúnicas por não conseguirem suportar o malho da injúria, o frio da desconsideração e do abandono, a supressão de meios justos para o exercício das funções a que foram chamados, e às lutas enormes, decorrentes das armadilhas de sombra, de que muitos não conseguem escapar, hipnotizados pelos empreiteiros da obsessão.

Se tens algum médium de boa vontade, no campo das próprias relações, auxilia-o com bondade e compreensão, segurança e respeito.

Se o medianeiro cai em desequilíbrio, usa a caridade para reajustá-lo.

Se prossegues em caminho certo, ajuda-o igualmente para que não desfaleça.

Ante as leis de Deus, qualquer médium no mundo, por mais opere e coopere com a Espiritualidade Superior na divulgação da verdade e da luz, é sempre uma criatura humana e, na maioria das vezes, uma criatura frágil, qual ocorre a muitos de nós.

"Detém-te no lado melhor das situações e das pessoas."

Chico Xavier

17

Luminosa bênção

Simbolizamos no Plano Físico a presença de grande Universidade.

Da Vida Espiritual – a vida verdadeira – precedem os alunos, ou mais propriamente considerando, as criaturas que nascem nos lares humanos.

Antes, porém, da corporificação no berço terrestre, quantos já desfrutem a faculdade de escolher o currículo de lições determinadas, solicitam matrícula nos institutos da reencarnação, no encalço de realizações das quais se julgam necessitados, quanto ao próprio burilamento.

As matérias professadas são as mais diversas.

Temos aqueles que insistem pelo renascimento no berço de extremada penúria, a fim de que o aguilhão da necessidade lhes auxilie a descobrir a alegria de trabalhar.

Surgem os que requisitam deformidades no corpo, no intuito de instalar a luz da humildade por dentro de si.

Surpreendemos os que pedem moléstias congênitas e irreversíveis, visando a correção de hábitos infelizes nos quais se desvairaram em outras estâncias do tempo.

Aparecem os que rogam tribulações difíceis de suportar, procurando acumular fortaleza de espírito.

Reportam, aqui e ali, os que solicitam inibições no campo afetivo, no objetivo de buscarem a sublimação dos próprios sentimentos.

E existem aqueles muitos outros que imploram retorno à presença de antigos desafetos, a eles se prendendo nas teias da consanguinidade, intentando aprender perdão e tolerância nos recessos do lar.

Obtidas as concessões, começam as providências que as efetivem a benefício dos candidatos, entretanto, muitos aprendizes recuam diante dos obstáculos, entrando em conflitos de consciência.

No íntimo, sabem-se famintos de valores espirituais como sejam a paciência e a humildade, a coragem e a firmeza de caráter, o espírito de renúncia e a compreensão, mas retomam instintivamente os estados negativos em que se emaranharam em muitas das existências passadas, surgindo, depois, mais endividados perante a contabilidade da vida.

Se te encontras na Terra num processo assim de aperfeiçoamento e resgate, asserena o coração, refletindo na perenidade da vida e pede forças a Deus em oração para que não te afastes do rumo certo.

E, longe de troféus passageiros, suscetíveis de te enganarem nas exterioridades da existência humana, reconhecerás, no imo do próprio ser, que estás conquistando, pouco a pouco, tesouros imperecíveis de paz e de alegria trabalhando e servindo, sempre com a bênção luminosa da aceitação

"Tempera a conversação com o fermento da esperança e da alegria."

Chico Xavier

18

Em horas de crise

ASSERENA O CORAÇÃO INquieto e segue para a frente.

Se erraste, há recursos de retificação.

Se outros estão enganados, voltarão à verdade, algum dia.

Se companheiros determinados não te puderam entender,

a vida, em nome de Deus, trará outros que te compreenderão.

Abençoa os que te deixaram em caminho, porque nem todos conseguem cumprir várias tarefas ao mesmo tempo.

Agradece aos que te ampararam e auxilia aos que possuam menores recursos que os teus.

Trabalha para o bem, onde estiveres e como estiveres.

Não esperes santificar-te para servir, porque ainda somos criaturas humanas, com os defeitos inerentes à nossa condição e, por isso mesmo, Deus não nos confia trabalho somente compreensível no clima dos anjos.

Não acredites que possas evoluir sem problemas ou que consigas aperfeiçoar-te sem sacrifícios.

Nunca descreias do poder de progredir e melhorar, à custa do próprio esforço.

Alegra-te, constantemente.

Capacita-te de que o desânimo não presta auxílio a ninguém.

Se alguém te ofendeu, esquece.

Reflete em quantas vezes teremos ferido a alguém, sem a mínima intenção, e cobre o mal com o bem.

Se ouvires referências infelizes, acerca de alguma pessoa, medita nas boas ações que essa criatura terá praticado ou nas boas obras que terá desejado fazer sem que isso lhe fosse possível.

Em qualquer dificuldade, aconselha-te com a esperança, porque Deus tudo está modificando para melhor.

Persevera no trabalho que a vida te deu a executar.

Pensa no bem e fala no bem.

Abençoa sempre.

E se alguma provação te acolhe com tanta força que não consigas evitar as próprias lágrimas, mesmo chorando, confia em Deus, na certeza de que Deus, amanhã, nos concederá outro dia.

Chico Xavier

"Se pretendes auxiliar a alguém, começa mostrando alegria."

Chico Xavier

19

Tempo de crise

EM TEMPO DE CRISE – IMPO-
sitivo de serenidade. Sobretudo,
na época de crises afetivas quando, frequentemente, nos opomos
uns aos outros.

Renovação espiritual, na es-
sência, não é plano de trabalho
que se execute de uma existência
para outra.

De berço em berço terrestre, somos entregues à construção do amor que nos identificará, um dia, uns aos outros para sempre.

Raramente, porém, adquirimos notas distintas nas tarefas realizadas.

A conquista da sublimação exige variadas matérias de domínio pessoal.

Em determinada existência, por vezes, o espírito ganha em trabalho, mas perde em desprendimento, premia-se em abnegação, no entanto, se complica em assuntos de afeição possessiva.

O progresso se faz vagarosamente, até que se atinja as épocas de exame que nos promovem as aquisições do espírito.

Reflete nos chamados tempos novos em que te encontras, ante o surpreendente espetáculo das desvinculações violentas.

Se te propões a vencer, nas lições que a vida te apresenta, deixa que a compreensão te apoie os raciocínios e ama sempre.

Hábitos se alteram, sentimentos se transformam.

Se entes amados aderiram às ideias novas, em quaisquer modificações de caráter negativo, compadece-te deles e auxilia--os quanto puderes.

Esse acreditou no poder econômico, de tal modo, e se cercou de tamanhas expressões de reconforto, que te parece agredir; outro admitiu a suposta legitimidade da independência sem dever a cumprir e se enveredou em experiências que lhe resultarão em aprendizados amargos; aquele outro vestiu o cérebro de ilusões e distanciou-se da fé, recusando-te as referências a Deus; e aquele outro ainda aceitou as sugestões da fuga, através dos tóxicos, nascidos nos ingredientes da anestesia que a Bondade Divina confiou à ciência humana, no socorro aos enfermos, e estirou-se em penúria física e espiritual.

Arma-te de paciência e desculpa aos companheiros de trabalho terrestre, quantas vezes se fizerem necessárias.

Chamem-se eles, na armadura física, pais ou filhos, esposos ou esposas, irmãos e amigos, parentes e companheiros, recorda que estamos todos à frente da vida imperecível.

Quem já possua equilíbrio, ajude ao desorientado.

Quem raciocine com segurança, ampare o que se afastou do bom-senso.

Quem disponha de luz, clareie o caminho para os que jazem nas trevas.

E quem esteja de pé, socorra aos caídos, porque tempo de crise é tempo de teste e somente se honra com a distinção desejada, quem procura esquecer-se para compreender e auxiliar, de vez que somos todos espíritos eternos e, tanto as leis do amor quanto as leis da dor, nunca se modificam perante Deus.

"Não percas tempo lastimando aquilo que o tempo não pode restituir."

Chico Xavier

20

O tesouro máximo

TALVEZ TENHAS ALCANÇADO a crise das grandes perdas que nos marcaram no mundo como sendo instantes inolvidáveis de dor.

Assumiste compromissos, de cuja execução companheiros queridos desertaram...

Esposaste deveres de partilha

com alguém que te haverá deixado a sós...

Abraçaste empresas de elevação e progresso e te viste com os braços despojados de todos os recursos, no justo momento em que mais necessitavas de proteção...

Arquitetaste os melhores planos na causa do bem e, quando a concretização deles seguia avançada, eis que te reconheceste de espírito desentendido, na transitória convicção de que o mal te batia em triunfo...

Alimentaste altos projetos,

quanto ao futuro de seres queridos que tomaram rumo claramente contrário às tuas expectativas...

Provavelmente experimentaste a perda de criaturas amadas que a morte física te furtou à convivência, impondo-te o amargo da solidão...

Nessas horas de incertezas e lágrimas, quando tudo de melhor te pareça perdido; quando as vagas do sofrimento te houverem sacudido o barco da existência, através das tempestades de angústia; quando a saudade te envolve em nuvens de tristeza; ou quando a incompreensão te marginalize em tribulações difíceis de suportar, não te entregues ao desânimo, nem te refugies no desespero...

Em quaisquer circunstâncias, nas quais te vejas de coração sozinho ou empobrecido de forças, contempla a imensidade dos céus, ergue a fronte, enxuga o pranto e caminha para diante, conservando o bom ânimo e a esperança, porque ainda mesmo quando suponhas haver perdido tudo o que possuías de valioso na Terra, trazes contigo o tesouro máximo da vida, que nenhuma ocorrência do mundo pode te arrancar, porque tens Deus.

IDE | Conhecimento e educação espírita

No ano de 1963, Francisco Cândido Xavier ofereceu a um grupo de voluntários o entusiasmo e a tarefa de fundarem um periódico para divulgação do Espiritismo. Nascia, então, o Instituto de Difusão Espírita - IDE, cujos nome e sigla foram também sugeridos por ele.

Assim, com a ajuda de muitas pessoas e da espiritualidade, o Instituto de Difusão Espírita se tornou uma entidade de utilidade pública, assistencial e sem fins lucrativos, fiel à sua finalidade de divulgar a Doutrina Espírita, por meio de livros, estudos e auxílio (material e espiritual).

Tendo como foco principal as obras básicas de Allan Kardec, a preços populares, a IDE Editora possui cerca de 300 títulos, muitos psicografados por Chico Xavier, divulgando-os em todo o Brasil e em várias partes do mundo.

Além da editora, o Instituto de Difusão Espírita também se desenvolveu em outras frentes de trabalho, tanto voltadas à assistência e promoção social, como o acolhimento de pessoas em situação de rua (albergue), alimentação às famílias em momento de vulnerabilidade social, quanto aos trabalhos de evangelização infantil, mocidade espírita, artes, cursos doutrinários e assistência espiritual.

Ao adquirir um livro da IDE Editora, além de conhecer a Doutrina Espírita e aplicá-la em seu desenvolvimento espiritual, o leitor também estará colaborando com a divulgação do Evangelho do Cristo e com os trabalhos assistenciais do Instituto de Difusão Espírita.

www.idelivraria.com.br

Conversando sobre o
ESPIRITISMO

Quais as bases do Espiritismo?

A Doutrina Espírita estrutura-se na fé raciocinada e no Evangelho de Jesus, com sólidos fundamentos nos seguintes princípios: a) Existência de Deus; b) Imortalidade da alma; c) Pluralidade das existências ou reencarnação, impulsionadora da evolução; d) Comunicabilidade dos Espíritos através da mediunidade, capacidade humana de intercâmbio entre os dois planos da vida; e) Pluralidade de mundos habitados.

Espiritismo é uma ciência, filosofia ou religião?

Ele engloba os três aspectos. É ciência que investiga e pesquisa; é filosofia que questiona e apresenta diretrizes para reflexão e é uma religião na prática da fraternidade, do real sentimento de amor ao próximo, tendo, como regra de vida, a caridade em toda a sua extensão, enfim, uma religião Cristã.

O Espiritismo proclama a crença em Deus, ou nos Espíritos?

O Espiritismo prega, através de uma convicção firmada na fé raciocinada, na lógica e no bom senso, a existência de Deus como inteligência suprema, causa primeira de todas as coisas, sendo Ele misericordioso, justo e bom, e vem confirmar a imortalidade da alma. Segue os ensinamentos racionais e coerentes dos Espíritos de ordem superior e, principalmente, os de Jesus como único caminho para a evolução espiritual, baseados na caridade, em todas as suas formas, através do amor ao próximo.

Para onde vamos quando morremos?

Retornamos ao mundo espiritual, nossa morada original, exatamente de onde viemos. Somos Espíritos e apenas estamos no corpo físico em estágio temporário de aprendizado. No mundo espiritual, reencontraremos os Espíritos com quem nos sintonizamos, daí a importância da vida reta e moralmente digna, desapegada das questões materiais, de coração sem mágoa, vinculada ao bem e ao amor desprendido.

Se quiser saber mais sobre o Espiritismo, o que devo ler?

As obras de Allan Kardec, a saber: *O Evangelho Segundo o Espiritismo, O Livro dos Espíritos, O Livro dos Médiuns, O Céu e o Inferno* e *A Gênese.*

www.idelivraria.com.br

idelivraria.com.br

Pratique o "Evangelho no Lar"

Aponte a câmera do celular e faça download do roteiro do **Evangelho no lar**

Ide editora é nome fantasia do Instituto de Difusão Espírita, entidade sem fins lucrativos.

◻ ideeditora f ide.editora ◻ ideeditora

◄◄ **DISTRIBUIÇÃO EXCLUSIVA** ►►

Av. Porto Ferreira, 1031 | Parque Iracema
CEP 15809-020 | Catanduva-SP
📞 17 3531.4444   17 99777.7413

◻ boanovaed
▶ boanovaeditora
f boanovaed
◉ www.boanova.net
✉ boanova@boanova.net

Fale pelo whatsapp

Acesse nossa loja